MERA DIL MERE ALFAAZ

NITISH GUPTA

Contents

Contents

Preface

Kuch us pr likha,
Kuch khud pr likha.
Jo bita es dil pr hai
Wo es book me likha hai.

Wo hrr baat likhi,
Hrr raat likhi.
Jo bitayi tere sang thi
Wo hrr mulakat likhi.
Kuch phulo ke sath likhi,
Kuch yaadon ke sath likhi.
Jo guzri es dil pr thi
Wo hrr baat likhi.

1. 7 Phere Aur 1 Dua

"7 janm naa sahi es janm ke liye,
Use pane ke liye na sahi, uska hone ke liye."

Aisi hi kuch us rab se dua mangi hai, jisme sath uska hai, sang mere hai, aur dua us rab se hai jisne hum dono ko bheja es jameen pe hai.

Dost Ki Dost Se Dua

Suna hai doston ki dua me bahut takat hoti hai!

To ek dost ki dost se dua hai ki...

Uski block list se unblock kra de,

Uski naa ko haan me tabdeel kra de,

Jyada nahi bus itna he kra de,

Uska mera saat(7) janmo ka sath kra de.

Uske Card Me Mera Naam

Ek dua hai kabul kra dena,

Uske card me mera naam sang kra dena.

Aur jyada nahi bus itna he kra dena,

Sath uske mandap me

saat(7) phere mere sang kra dena.

Ek Exam Crack Karna Hai

Etna padha, thoda aur padhna hai,

Aur ek exam crack karna hai.

Naam ke liye nahi, paise ke liye nahi,

Uska hath apne hath me thaam sath chalne ke liye,

Use apna banane ke liye,

Uske sath saat(7) janm sath bitane ke liye,

Bus ek exam crack karna hai,

Ek exam crack karna hai.

Hai Kismat

Hai kismat,

Bss ek chota sa sath chahiye.

Jo mujhe naa pasnd kr gayi

Ek baar firr uska sath chahiye.

Pyar Bhara Safar

Ek Safar hai pyara sa

Jise mukammal karna chahta me tere sath hu.

Aur, jyada nhi bus itna-sa hi mera armaan hai

Ki tera hath mere hath me ho

Aur yeh pyar bhara safar

Bus chalta hi jaye, chalta hi jaye, chalta hi jaye.

2. I Miss You A Lot

Kuch bhuli hai, kuch bishri hai,
Aisi hi kuch yaadein hai jo mere dil me rahti hai.
Jinhe chahkr bhi tujhe bata nhi sakta,
Aur tujhse jayada kisi or ko chaah nhi sakta.
Aise he kuch yaadein hai jinhe es book me likh
Tujh tak pahuchane ka prayas yeh maine kiya hai.

Wo Yaadein He To Hai

Wo yaadein he to hai, jo aaj bhi itna sataati hai,

Hrr ladaai-jhagda bhula bachpan me le jati hai.

Wo yaadein he to hai, jinhe aaj bhi yaad kr,

Aankhe namn ho jati hai, aur hotho pr muskuraht aa jati hai.

Wo yaadein he to hai, jo hrr pal, hrr lamha, hrr chadd, dhiree-dhiree badti rahti hai,

Aur sammay-sammay pr apne hone ka ahsaas karati rahti hai.

Wo yaadein he to hai, jo durr hokr bhi pass hone ka ahsaas kara deti hai,

Aur ek pal me puri zindagi yaad kara deti hai.

Wo yaadein he hai, yaadein he hai, yaadein he hai.

Acha Ye Batao

Me yaad to hu naa ya bhul gayi ho...

Agar bhul bhi gayi ho, to wo din to jarur yad hoga

Jis din pahli baar hum dono mile the

Wo coaching center

Jaha me physics or mathe padhne aaya karta tha,

Sidha-sadha sa ek ladka tha,

Jise facebook ka 'f' bhi nhi pata tha,

Tune use friend request bhej

Chat kr social media expert bna diya,

Aur wo tere pyar me itna pagal ho gya

Ki jise kavita ka 'k' bhi nhi aata tha

Vo tere pyar me kavitayein likhne laga.

Bo Din Yaad Aate Hai

Bo din yaad aate hai,

Bo pal yaad sate hai,

Jo bitaye tere sang the

Bo din yaad aate hai.

Bo tera hasta chehra, muskurati aankhen,

Ghungrale baal aur bo teri meethi si boli

Aur us boli pr mera naam,

Bo din yaad aate hai,

Bo din yaad aate hai.

Lot Aa Wapas

Lakh koshish ki tujhe bhulane ki,

Bahut samjhaya dil ko,

Facebook, insta sab se id delete ki

Aur to aur

Number bhi badla, mobile bhi badla,

Pr nahi badla

To sirf or sirf dil se tera pata, teri baatein aur

Wo nok-jhok bhari meethi si teri yaadein.

Aaj bhi bahut yaad karta dil tujhko,

Ab nahi sahan hoti or teri yeh judai

Lot aa wapas, Lot aa wapas,

Lot aa wapas.

Yaad Aati Ho..

Ab tu hi bta kya karu me...

Panno pe utaaru to bhi yaad aati ho,

Bhulana chahun to bhi yaad aati ho,

Uljhano me fss gayi hai ye zindagi,

Kisi or ko chahun to bhi yaad aati ho.

3. Ab Kiska Intzar Hai

4. Ajnabi Hai Raasta

Ajnabi hai raasta, ajnabi hai vasta,
Ab kaise bayan karu apne dil ki ye dastaan,
Jo thukra kr chali gayi mere es pyar ko
Ajnabi raaste pe kisi aur ajnabi ke vaste,
Kuch to galti rahi hogi meri bhi
Jo usne thukra diya mere es pyar ko
Es ajnabi raaste pe kisi aur ajnabi ke vaste.

5. Thoda Adjust Kar Lijiye

Thoda adjust kar lijiye,
Thoda wait kar lijiye,
Usne thukraya hai aapko,
Kabul Kar lijiye.

6. Ek Raasta

Ek raasta aisa bhi hai
Jis pr naa jaa sakte,
Aur naa bhula sakte,
Wo raasta or koi nhi
tere ghar ka he hai.

7. Aankhe Thak Aayi

Teri raah dekhte-dekhte aankhe thak aayi hai,
Pr abhi tak nazar na tu aayi hai.
Ab to yeh shaam bhi dhalne aayi hai,
Pr teri koi khabar na aayi hai.

8. Pyar Ki Taraf Aate Hue

Pyar ki taraf aate hue,
Andar he andar muskurate hue,
Aankho-se-aanke milate hue,
Naa jaane kitne hue barbaad
Pyar ki taraf aate hue.

9. Khud Ko Mazbur Kr Liya

Khud se hi khud ko dur kr liya,

Mere hote hue bhi usne itna sehan kr liya

Ki akele rehne pr,

Usne khud ko mazbur kr liya.

10. Phla Pyar

Kehte hai aapka phla pyar aapki
Block list me hota hai
To maine kyu use unblock kr diya.
Aisi konsi khffa mujhse ho gyi,
Jo maine use apni nazro se durr kr diya.

11. Usse Milna Chahta Hun

Waqt nikal jaane se pahle,

Usse milna chahta hun.

Use kisi aur ki ho jaane se pahle,

Use apne dil ka haal batana chahta hun,

Use apna banana chahta hun,

Usse milna chahta hun,

Usse milna chahta hun.

12. Uska Hi Khayal Aata Dil Me

Sote-Jagte, Haste-Khelte,
Bus uska hi khayal aata dil me,
Ki, ab to ye haal ho gya hai
Aankh bnd karu to uski tasvir nazar aati hai,
Aur aankh kholu to hrr jagah bss wo hi wo nazar aati hai.

13. Kaise-Kaise Khawab Ye Layi

Palko pr shaam yeh maine sajai hai,
Nazare hazaro jahan ke chura ye laayi hai.
Kuch idhar se to kuch udhar se rang ye laayi hai,
Naa jane kaise-kaise khawab ye laayi hai.

14. Hona Hum Dono Ko Ek Sath Hai

Bo mere sapno ki rajkumari hai,
Mai uske sapno ka rajkumar hu,
Bus pal-do-pal ki baat hai,
Firr hona hum dono ko ek sath hai.

15. Tere Naam Kar Dunga

Teri naa ko haan me badal dunga,
Tere har ek gum ko khushi me tabdeel kar dunga,
Bus tu ek mauka to dekr dekh
Apni puri zindagi tere naam kr dunga.

16. Esi Chahat Me Kari Ye Pharmacy Hai

Janta Hun Tujhe Pana Hai Mushkil,
Par kya karu tujhe bhula bhi nhi sakta,
Aur UPSC crack kr bhi nhi sakta,
Bas esi chahat me kari ye Pharmacy hai
Ki tere ghar wale de de tera hath mere hath me,
Aur tu meri rani ban, Me tera raja ban jaun.

17. Sun To Sahi Meri Zindagi

Sun to sahi meri zindagi

Mat bhag itna tez tu zindagi,

Thodi der to thehrja jra tu zindagi,

Thak gya hun ab me zindagi,

Ab nhi bhaga jata itna tez zindagi,

Rukk ja zindagi,

Sath chalte hai zindagi,

Kahin dur chalte hai zindagi,

Kahin dur chalte hai zindagi.

18. Abhi Abhi To Mile The

Abhi-Abhi to mile the,
Phir kyu ajnabi ho gye.
Aisi konsi khaffa humse ho gyi
Jo tum humse yu juda ho gye.

19. Kisi Se Kuch Nhi Kehna

Kisi se kuch nhi kehna
Bus chalte rehna, chalte rehna.
Ab bus yhi sapna hai mera,
Jab tak mil naa jaye wo
Tab tak rukna nhi,
Bus chalte rehna, chalte rehna.

20. Wo Pahle Jessi Baat Nhi Rahi

Ab bo pahle jessi baat nhi rahi,
Uske dil me wo jazbaat nhi rahe.
Shayad meri hi koi galti rahi hogi,
Jo ab me uske kabil nhi raha.

21. Ab Wo Din Kahaa

Teri yaad me jite hai,
teri yaad me marte hai.
Ab wo din kahaa
Jo tere sath guzarte hai.

22. Uljhan

Pta nhi es uljhan me wo khud fssi hai
Ya mujhe fassa rakha hai.
Jo naa bhi nhi karti,
Aur haa ka reply bhi nhi deti.
Ab to mujhe bhi drr lagne laga hai,
Kahi ye jaal to nhi?
Jo makkdi-si bun rahi wo,
Aur machhar-sa fss raha me...

23. Maa

Meri saanson me bhi jiska naam hai,
mere khun me bhi jiska naam hai,
Usse jayada mujhe pyar karne wala
Aur koi nhi meri Maa hai.

24. Wo Ladki

Lambai mere jitni hai,
Baaton me bachi hai,
Pyar me sachi hai,
Thodi pagal jessi hai,
Bss aisi he wo ladki hai
Jo mere dil me rahti hai.

25. Tumse 2 Minute Ki Baat

Tumse 2 minute ki baat
Mere dil ko wo sukoon de jaati hai,
Jo naa hi me tumhe bata sakta
Aur naa hi me tumhe jataa sakta.

26. Dhup Me Teri Parchaai

Dhup me teri parchaai
Kuch aisi hai mujhko bhaai,
Ki tu mujhko pasnd aa gayi
Aur me tera ho gaya.

27. Ek Dost Ki Kami Hai Bus

Ek dost ki kami hai bus,

Ki ek hi guzarish hai ab bus,

Mil jaye aisa dost

Samajh jaye jo sare alfaaz mere,

Mahsoos kare ehsaas mere,

Dukh-Sukh milkar sath bitaye,

Kah saku mai apni baat jisse,

Bus aise ek dost ki zarurat hai,

Ki ek dost ki kami hai bus,

Ek dost ki kami hai bus.

28. Ek Sapna Hai

Bus ek sapna hai,
Jisme tu mera apna hai.
Es sapne ko sach kr jana hai,
Tujhe apna bna jana hai.
Aur kuch aisa kr jana hai,
Chahat se upar uth,
Es duniya ko dikha jana hai,
Ki tu kebal mera babu nhi,
me teri shona bhi hun.

29. Ek Ajeeb Sa Kissa Hai Wo

Ishq hai, ibadat hai,
Chahat hai, khawahish hai.
Bss, usse milna
Aisi hi ek tammanna hai,
Jiska hissa hai wo.
Aur meri zindagi ka
Ek ajeeb sa kissa hai wo.

30. Bol Du Kya Use

Bol du kya use
Ki wo mujhe pasnd hai.
Naa to nhi kahegi
Itna yaqeen mere dil ko bhi hai.
Pr yeh darr lagta hai,
Kahin yeh dosti naa tutt jaye.

31. Ek Dusre Se Khh Diya

Kuch usne khh diya,
Kuch maine khh diya.
Jo kabul nhi tha es duniya ko
Wo humne ek dusre se khh diya.

32. Rishta Dekhna Aur Hona

Rishta dekhna aur hona
Itna aasan nhi jitna lagta hai.
Ek baar me kisi ko itna jaan lena ki uske sath,
Puri zindagi guzar dene ka bada kr dena
Itna aasan nhi jitna lagta hai.

33. Tujhe Apna He Banaunga

Yu to koshish jaari hai meri
To kya hua, jo es janm tu meri na ho payi.
Pr yeh wada raha mera tujhse
Agle janm tujhe apna he banaunga.

Tujhe padhna acha lagta hai,
Mujhe likhna acha lagta hai.
Bus farq itna-sa hai,
Jo dard diya tune mujhe hai
Wo dard likha en hatho ne hai,
Aur padha teri aankho ne hai.

NITISH GUPTA

<u>Social links:</u>

Fb/nitishgupta.writer

Insta/nitishgupta.writer

<u>Blog:</u>

nkguptashayari.blogspot.com

nitishguptashayari.blogspot.com

www.ingramcontent.com/pod-product-compliance
Lightning Source LLC
Chambersburg PA
CBHW020330180726
47991CB00019B/1110